BEI GRIN MACHT SICH IHR
WISSEN BEZAHLT

- Wir veröffentlichen Ihre Hausarbeit,
  Bachelor- und Masterarbeit

- Ihr eigenes eBook und Buch -
  weltweit in allen wichtigen Shops

- Verdienen Sie an jedem Verkauf

Jetzt bei www.GRIN.com hochladen
und kostenlos publizieren

Marius Hummitzsch

Didaktisch-methodische Aufbereitung von „Dantons Tod" für den Unterricht

GRIN Verlag

Bibliografische Information der Deutschen Nationalbibliothek:

Die Deutsche Bibliothek verzeichnet diese Publikation in der Deutschen National-
bibliografie; detaillierte bibliografische Daten sind im Internet über http://dnb.d-
nb.de/ abrufbar.

Impressum:

Copyright © 2010 GRIN Verlag GmbH
Druck und Bindung: Books on Demand GmbH, Norderstedt Germany
ISBN: 978-3-656-89179-6

Dieses Buch bei GRIN:

http://www.grin.com/de/e-book/288937/didaktisch-methodische-aufbereitung-von-
dantons-tod-fuer-den-unterricht

GRIN - Your knowledge has value

Der GRIN Verlag publiziert seit 1998 wissenschaftliche Arbeiten von Studenten, Hochschullehrern und anderen Akademikern als eBook und gedrucktes Buch. Die Verlagswebsite www.grin.com ist die ideale Plattform zur Veröffentlichung von Hausarbeiten, Abschlussarbeiten, wissenschaftlichen Aufsätzen, Dissertationen und Fachbüchern.

Besuchen Sie uns im Internet:

http://www.grin.com/

http://www.facebook.com/grincom

http://www.twitter.com/grin_com

Hummitzsch, Marius

Justus-Liebig-Universität Gießen

Lehramt(L3) für Deutsch, Politik und Wirtschaft, Philosophie

Fachbereich 5 ; Semester 4

Seminar„Georg Büchner"

Sommersemester 2010

Referatsverschriftlichung

Verschriftlichung des Referats zur didaktisch-methodischen Aufbereitung von „Dantons Tod"

Abgabetermin 31.08.2010

Inhaltsverzeichnis

1. Einleitung

„Bei der Planung dieser Unterrichtsreihe wird davon ausgegangen, daß es sich bei ‚Dantons Tod' um ein Stück handelt, das Schülern nicht unmittelbar zugänglich und verständlich ist"[1], so schätzte bereits 1990 Norbert Kinne in seinem Unterrichtsentwurf zu Büchners „Dantons Tod" den Schwierigkeitsgrad des Werkes ein. Zum einen kommt darin die Notwendigkeit einer notwendig sensiblen Aufbereitung des Werkes für den schulischen Kontext zum Ausdruck, zum anderen impliziert „Dantons Tod" aber gerade durch die hohe Komplexität ein immenses Lernpotential. Diese beiden Aspekte haben mich zur Auswahl des Referats zur didaktisch methodischen Aufbereitung von „Dantons Tod" im Rahmen unseres Büchner-Seminars veranlasst, deren Ausgestaltung auch Gegenstand dieser Arbeit sein soll.

Wie bereits im Referat möchte ich meinen Schwerpunkt auf die Analyse des Unterrichtsmodells zu „Dantons Tod" der Reihe „EinFach Deutsch" vom Schöningh-Verlag legen. So werde ich zunächst im 2.Kapitel die Reihe „EinFach Deutsch" prägnant vorstellen, die Struktur des Modells zu Dantons Tod darlegen und einige spezifische Gesichtspunkte dieses herausstellen. Im 3.Kaptiel liegt der Fokus auf dem Baustein 3 „Der Epikureer und der Moralist", wobei ich eine wissenschaftliche Untersuchung zu Danton bzw. Robespierre voranschalten werde, um den Ansprüchen dieser Arbeit gerecht zu werden. Abschließen soll dieses Kapitel eine Kritik am Baustein. Es folgt im anschließenden Kapitel die Entwicklung eines Unterrichtsentwurfs zum vorher behandelten Unterthema, der sich stark an dem Baustein orientieren, aber eventuelle Schwächen berücksichtigen soll. Im zweiten Teil des Kapitels erfolgt ein Vergleich mit dem angesprochenen Entwurf von Kinne um Gemeinsamkeiten und Unterschiede herauszustellen. Bevor das Fazit als 6. Kapitel abschließt, möchte ich im 5.Kapitel eine präzise Reflexion des Modells, aber auch der Plenumsdiskussion vornehmen, um überhaupt eine endgültige Bewertung des Modells durchführen zu können.

Sowohl bei den bereits im Referat selbst diskutierten als auch bei den „neuen" Themen ist es mein Ziel die Schwierigkeiten dieses hochkomplexen doch zugleich gewinnbringenden Klassikers für die schulische Rezeption zu vergegenwärtigen und sinnvolle Lösungsstrategien zu entwickeln. Zudem bestimmt die Frage nach der Qualität des dargestellten Modells die folgenden Ausführungen immanent.[2]

---

[1] Kinne, Norbert: Stundenblätter „Dantons Tod". S.12.
[2] Aufgrund der Struktur und der Fragestellung dieser Arbeit hält sich die zusätzliche Literatur in Grenzen, da der Schwerpunkt hier nicht auf der tiefen wissenschaftlichen Analyse des Werkes (abgesehen vom 3.1.), sondern der Untersuchung des sehr neuen Unterrichtsmodells liegt, zu dem noch keine weitere Literatur erschienen ist.

2. Vorstellung des Unterrichtsmodells zu „Dantons Tod"

Um eine größtmögliche Übersichtlichkeit zu gewährleisten, werde ich die Seitenangaben, die sich auf das „EinFach Deutsch" - Unterrichtsmodell zu „Dantons Tod"[3] beziehen, entsprechend im Fließtext in Klammern setzen.

2.1. Was ist „EinFach Deutsch"

Wie auch im Referat möchte ich anfangs kurz die Reihe „EinFach Deutsch" des Schöningh-Verlages vorstellen und dabei die wesentlichen Punkte der Präsentation schildern.

Die Reihe „EinFach Deutsch" vom Schöningh Verlag umfasst eine großes Repertoire an Unterrichtsmodellen für die Schule, die nach den jeweiligen Schulstufen gegliedert sind. Dabei findet man neben Unterrichtsmodellen auch in der Regel die zugehörigen Textausgaben.[4] Besonders sinnvoll erscheinen die Textausgaben, die sich zusammensetzen aus dem Text, der Biografie, einer Schriftenübersicht, dem historischen Hintergrund und theoretischen Aspekten, weil innerhalb der Unterrichtsmodelle zum einen aus der zugehörigen Text zitiert wird und zum anderen auch Elemente aus den anderen Bereichen der Textausgabe systematisch aufgegriffen werden. Dies lässt sich u.a. bei „Dantons Tod" nachvollziehen, wo beispielsweise in dem Unterrichtsmodell auf Seite 32 unten auf den Lebenslauf in der Textausgabe[5] verwiesen wird.

Der Schöningh-Verlag erhebt dabei den Anspruch einen praxiserprobte Unterrichtsmodelle als „ideale Lösung für einen modernen, aber dennoch substanziellen Deutschunterricht"[6] zuliefern. Dabei folgen die Modelle immer demselben Aufbau. Zunächst erfolgt eine Zusammenfassung des Werkes. Daran schließen sich die didaktischen Überlegungen an. Danach werden die einzelnen Bausteine, die natürlich von Werk zu Werk variieren und den größten Platz einnehmen, dargestellt. Abschließend findet man noch eine Reihe von Zusatzmaterialien und ein Literaturverzeichnis (Siehe Inhaltsverzeichnis S.6 f.). Ob die Unterrichtsmodelle tatsächlich diesem hohen formulierten Anspruch standhalten und Preise zwischen 10 und 30 Euro rechtfertigen kann, gilt es explizit am Beispiel von „Dantons Tod" zu überprüfen.

---

[3] Vollständige literarische Fußnote: Schläbitz, Norbert (erarb.)/ Diekhans, Johannes (Hrsg.): Georg Büchner: Dantons Tod. EinFach Deutsch. Unterrichtsmodell.
[4] Eine sortierte Übersicht aller Unterrichtsmodelle und Textausgaben findet sich auf http://www.schoeningh-schulbuch.de/suche/reihenansicht.xtp?id=W00336. Abgerufen am 27.08.2010.
[5] Vgl. Schläbitz, Norbert (erarb.)/ Diekhans, Johannes (Hrsg.): Georg Büchner: Dantons Tod. Ein Drama. EinFach Deutsch. S.102-114.
[6] http://www.schoeningh-schulbuch.de/suche/reihenansicht.xtp?id=W00336&allText=1. Abgerufen am 27.08.2010.

2.2. Struktureller Aufbau des Unterrichtsmodells zu „Dantons Tod"

Da der Aufbau zum Unterrichtsmodell von „Dantons Tod" nicht sonderlich von der prinzipiellen Struktur – geschildert in 2.1. – abweicht, möchte ich hier nur entsprechend auf die Präsentationsfolien (Anhang 1) verweisen, wo die konkretisierten Oberthemen wiederzufinden sind. Allerdings ist es mein Anliegen, die einzelnen Bausteine, die ich im Referat lediglich aufgelistet und zur Übersichtlichkeit beigefügt habe (Siehe Anhang 2), näher beschreiben, da sie auch die vom Autor gesetzten Schwerpunkte vergegenwärtigen und nicht noch einmal explizit Teil dieser Arbeit sind.

Der 1.Baustein ist mit „Die Französische Revolution – Fakten und Erfahrungen" überschrieben. Dieser Baustein dient dazu einerseits den Begriff der Revolution zu klären und andererseits als Basis für die Bearbeitung des Werkes die Grundzüge der französischen Revolution und wichtige Beziehungen bzw. Spannungen zu erfassen (S.21-36).

Der Baustein 2 „Zeitenwende" soll die Schüler an die Person Büchner, die Lebensumstände, sein Denken und sein Schaffen heranführen und in Verbindung zu Baustein 1 dessen Sicht auf den Begriff der Revolution aufschlüsseln. Nicht zuletzt wird in Form des „Hessischen Landboten" auch ein weiterer Zugang zum Denken Büchners geboten, mit dem später ein breiteres Verständnis für das Werk erreicht werden soll (S.37-49).

Den Baustein 3 „Der Epikureer und der Moralist" möchte ich an dieser Stelle überspringen, da er in besonderem Maße Gegenstand dieser Arbeit sein wird. Es folgt Baustein 4 „Die Sprache in ‚Dantons Tod'" (S.72-86). Hier wird die Rhetorik der verschiedenen Figuren auf Besonderheiten untersucht und nicht zuletzt der Versuch unternommen, Rückschlüsse auf Büchners Stil zu ziehen.

Ein intensiver Blick auf die Figuren neben Danton und Robespierre wird in Baustein 5 „Vom einfachen Volk und von anderen Personenkreisen" (S.87-100) gelegt. Dies ist insofern Bedeutung, da Büchner in „Dantons Tod" Volk und Nebenfiguren feste Funktionen zuweist, was zwar in der Literatur üblich, doch in der vorliegenden Form von Besonderheit ist.[7]

„Die Revolution und die ‚Kinder der Aufklärung' (Szene III.1, III.7)" lautet die Überschrift des 6.Bausteins. Dieser Baustein bietet einen philosophischen Exkurs in diverse Gebiete wie dem Verstand, Gott oder philosophischen Strömungen von Nihilismus über Hedonismus hin

---

[7] Eine schöne Vertiefung zum speziellen Charakter des Volkes und den damit verbundenen Massenszenen bietet sich in Pongs-Andersson, Frida: Die Tragödie Georg Büchners. S.16-24. Ein Exkurs dazu würde allerdings den Rahmen und das Ziel dieser Arbeit sprengen.

4

zu Idealismus. Ich halte gerade diesen Baustein für sehr gelungen, da er sowohl für den fächerübergreifenden Unterrichts von Nutzen ist, als auch den philosophischen Wesenskern des Werkes aufarbeitet und somit den Schülern verschiedene Zugänge zum Werk bietet.

Abschließend folgt mit Baustein 7 „Büchners Literatur- und Kunstauffassung" (S.122-141) ein auch in der Literaturwissenschaft viel diskutiertes Themenfeld. Nicht nur, dass die Schüler so Eindrücke über aktuelle literaturwissenschaftliche Diskurse (z.B. offenes versus geschlossenes Drama) erhalten, sie können auch auf die Rezeptionsgeschichte von „Dantons Tod" zugreifen.

Wie bereits an einigen Punkten angesprochen, halte ich viele Bausteine für sinnvoll thematisch sehr sensibel ausgewählt, so dass das ungeheure Potential dieses Klassikers ausgeschöpft wird. Vermissen tue ich jedoch trotz dem Zugriff auf die Französische Revolution und dem Nihilismus eine größere Zuwendung zum historischen Fatalismus, der in Büchner Denken und in Bezug auf „Dantons Tod" eine überragende Rolle spielt.[8] Auch wenn das Thema die Schüler vielleicht nahe an ihre Grenzen führt, halte ich den Entwurf an dieser Stelle für verkürzt. Insgesamt allerdings ist der Entwurf aus thematischer Sicht meiner Meinung nach als überaus brauchbar und vollständig zu bewerten.

---

[8] Vgl. Müller Nielaba, Daniel: Die Nerven lesen. Zur Leit-Funktion von Georg Büchners Schreiben. S.76 ff.

3. Exemplarische Untersuchung zu Danton und Robespierre

3.1. Wissenschaftliche Annäherung

Bevor ich mich der Analyse des zentralen Bausteins 3 widme, werde ich auf die literaturwissenschaftliche Position über die Figuren Danton und Robespierre als Vertreter des Epikurismus und Moralismus eingehen. Dies macht insofern Sinn, als dass durch die Bearbeitung der literaturwissenschaftlichen Perspektive Kriterien zur Beurteilung der Konsistenz des Bausteins geliefert werden können. Hierdurch wird auch eine Vergleichbarkeit der angebrachten Haltungen des Autors gewährleistet. Bei der literaturwissenschaftlichen Untersuchung werde ich mich wesentlichen Jan Thorn-Prikkers „Revolutionär ohne Revolution" berufen, da die Literatur zu diesem Themenfeld recht überschaubar ist, aber vor allem weil das genannte Werk als durchaus anerkannt gilt und nicht zuletzt auch im Literaturverzeichnis des Unterrichtsmodells wiederzufinden ist (S.143).

3.1.1. Danton

Thorn-Prikkers prägnanteste These zur Einordnung Dantons im Drama, besagt dass der „Hedonismus […] Kritik an der Moral"[9] ist. Daraus folgt, dass Danton als Vertreter des Hedonismus nicht nur den Gegenspieler von Robespierre, sondern auch den Kritiker des Moralismus darstellt. Er wendet sich also sowohl gegen Robespierre, als auch gegen dessen gesamte idealistische und moralistische Philosophie, die auf der Basis der Vernunft fußt. Eben diese bedeutet für Danton den Hedonisten aber die „Aufopferung des Individuums".[10]

Die Figur Danton bedient im Drama selbst noch eine weitere Funktion. Neben der Funktion „als Medium der Kritik an Robespierre"[11] und somit am Moralismus soll Danton auch noch eine Angriffsfläche für anti-hedonistische Argumente bieten. So formuliert Danton im Dialog mit Robespierre seinen Grundsatz des Hedonismus: „Jeder handelt seiner Natur gemäß d.h. er tut, was ihm wohl tut"[12]. Während er also den Individualismus und Egoismus postuliert, kritisiert er im Gegenzug Robespierre dafür, dass er mit Hilfe der Moral nur sein eigenes Interesse durchsetzen will. Somit wird eine logische Inkonsistenz zwischen Kritik und eigener Überzeugung sichtbar.[13]

---

[9] Thorn-Prikker, Jan: Revolutionär ohne Revolution. Interpretation der Werke Büchners. S.37.
[10] Ebd. S.38.
[11] Ebd. S.40
[12] Pörnbacher, Karl (Hrsg.) et al.: Georg Büchner. Werke und Briefe. Münchner Ausgabe. S.86.
[13] Vgl. Thorn-Prikker, Jan: Revolutionär ohne Revolution. S.40.

Neben den beiden angesprochenen Funktionen wird Danton auch als er typische Epikureer konstruiert, womit überhaupt erst eine Annäherung an diese philosophische Denkströmung geschehen kann. Neben der geschaffenen und immer wieder nach außen getragenen Einsamkeit als „radikalster Ausdruck von Individuation"[14], gibt auch das Streben nach sinnlich-empirischen Erfahrungen typische Merkmale epikureischer Ethik wieder. Letzteres wird beispielsweise in Akt I, Szene 5 beim Dialog zwischen Danton und Marion dargestellt, obwohl die hier vorgenommene Konstruktion der Lehre von Epikur fehlerhaft ist.[15]

Alles in allem zeigt sich die Figur des Dantons als hochkomplex, womit es zu prüfen gilt, ob der Unterrichtsentwurf dieser Komplexität in einem vernünftigen Maße gerecht wird.

3.1.2. Robespierre

Wie oben bereits angesprochen, verkörpert Robespierre den Gegenspieler von Danton und gilt als absoluter Moralist. Büchner entwirft die Figur Robespierre als eine Person, die stringent an der Realisierung seiner Ideale arbeitet. Doch genau an dieser Stelle wird er angreifbar, da er eben sein individuelles Bild der Ideale zu vermitteln versucht[16] und, so argumentiert Danton, unter dem Deckmantel der Moral errichtet.

Tatsächlich hat sich die Vorstellung von Moral bei Robespierre verselbstständigt und ist zu einer Doppelmoral geworden.[17] So scheint Robespierre jedes Mittel recht um seine Vorstellungen verwirklichen zu können, d.h. dass Robespierre unmoralisch handeln muss (siehe z.B. Tötung durch Guillotine von Revolutionären), um seine idealistische Moralvorstellung etablieren zu können.[18] Thorn-Prikker formuliert diesen Aspekt als den „Grundmangel, Gleichheit und Freiheit zu proklamieren, aber zugleich reale Gleichheit und Freiheit mit der Guillotine zu unterdrücken"[19] bei Robespierre.

Letztlich bleibt somit festzuhalten, dass durch Robespierre und Danton zwei entgegengesetzte Denkrichtungen vertreten werden sollen, die sich innerhalb des Dramas einer starken Kritik ausgesetzt sehen und dieser kaum standhalten können. Weder Danton noch weniger

---

[14] Ebd. S.41.
[15] So steht für Epikur eben nicht der Konsum von Sexualität im Sinne von Lust.
Vgl. Elm, Ralf: Epikur: Glück in der Lebenskunst des Hedonismus. In: Spaemann, Robert/Schweidler, Walter: Ethik – Lehr- und Lesebuch. Texte – Fragen –Antworten. S.346.
Fraglich bleibt, ob Büchner diese fehlerhafte Zuschreibung bewusst vorgenommen hat. Eine Erörterung dieser Frage kann hier jedoch nicht geleistet werden.
[16] Vgl. Thorn-Prikker, Jan: Revolutionär ohne Revolution. S.36.
[17] Vgl. Ebd. S.31.
[18] Vgl. Ebd. S.33.
[19] Ebd. S.34.

Robespierre werden dabei als Vertreter einer „richtigen" Philosophie dargestellt und müssen daher auch Unterricht kontrovers und kritisch betrachtet werden. Beide Figuren zeichnen sich zudem durch eine hohe Multifunktionalität aus, die im Unterricht zumindest überwiegend zu erschließen ist. Es gilt zum einen die Denkrichtungen mit ihren beiden Vertretern zu charakterisieren und andererseits gerade in Bezug auf das Gelingen oder Scheitern der Revolution ihre stetige Interdependenz herauszustellen.

3.2. Analyse des Bausteins 3 aus dem Modell

Bereits im Einleitungstext (S.50 f.) wird deutlich, dass der Autor den in 3.1. gestellten Anforderungen gerecht werden will. So formuliert er das Hauptanliegen darin „ein differenziertes Charakterbild von Danton zu zeichnen" (S.51), womit er eindeutig der Komplexität Rechnung tragen will. Er sieht es als Aufgabe an, die höchstwahrscheinlich bei Danton liegenden Sympathien[20] der Rezipienten sprich im schulischen Kontext der Schüler abzubauen und eine kritischere Perspektive z.B. in Bezug auf Langeweile, eigene Terrortaten oder den absoluten Genuss einzunehmen (S.50 f.).

Zu Robespierre äußert sich der Autor in dem Einleitungstext leider nur sehr oberflächlich, so dass abzuwarten bleibt, ob die in den Aufgaben implizierten Lernvorhaben auf meine Forderungen abzielen.

Als äußerst positiv festzuhalten gilt es mit Blick auf die vertretenen Denkrichtungen, dass Schläbitz mit Bezugnahme auf Theo Buck die verschiedenen politisch-philosophischen Ansätze als konsequent fragwürdig bei Büchner beschreibt.[21] Wie oben formuliert muss diese differenzierte Kritik an den verschiedenen Strömungen unbedingt Teil des Lernprozesses bei den Schülern sein. Es bleibt nun zu prüfen, ob Schläbitz anhand der Auswahl der Aufgaben eben die formulierten Ziele auch erreichen kann.

Die erste Aufgabe (S.51 ff.) dient dem Zweck sich den historischen Personen Danton und Robespierre zu nähern. Dies ist natürlich unverzichtbar, da ich jedoch meinen Beobachtungsschwerpunkt auf die Analyse der Figuren im Drama gelegt habe, werde ich an dieser Stelle nicht weiter darauf eingehen. Anschließend folgen bis Seite 63 viele verschiedene Übungen zu den diversen politisch-philosophischen Strömungen, die bei Danton (z.B. S.58 „Danton – Der Egoismus als Vorbild für alles Handeln") und Robespierre (z.B.

---

[20] Vgl. Thorn-Prikker, Jan: Revolutionär ohne Revolution. S.37.
[21] Theo Buck analysiert eine kontinuierliche Kritik innerhalb des Werkes an den verschiedenen Positionen, wobei der Moralismus in der Form bei Robespierre noch stärker angeprangert wird als Epikurismus bei Danton. Vgl. Buck, Theo: Riss in der Schöpfung. S.16 f.

S.56 „Robespierre – Ein allgemeines Prinzip als Vorbild für alles Handeln"). Hier wird der Vielschichtigkeit in besonderem Maße Genüge getan und über zahlreiche Sozialformen und Methoden wie dem kreativen Schreibauftrag schülerfreundlich umgesetzt. Im zweiten Teil des Bausteins werden 3 weitere Schwerpunkte gelegt, die zur Erschließung der unterschiedlichen Perspektiven Dantons und Robespierres (siehe S.64 f. „Ortswechsel im Drama) und nun speziell der Kritik am Hedonismus Dantons (vor allem S.66 f. „Kritik der Langeweile und des Genusses) dienen. Mit diesen Schwerpunkten setzt der Autor konsequent das Vorhaben um, den „sympathischen" Danton in ein kritischeres Licht zu rücken. Herausragend erscheint mir der Aufbau des abschließenden Schaubilds (S.71), da so alle wichtigen Aspekte der beiden Hauptfiguren zusammengetragen werden können. Gerade durch den 2.Auftrag (unten), werden die Schüler dazu angehalten wirklich Lebenshaltungen herauszuarbeiten und zu überprüfen, ob diese den eigentlichen Leitbildern überhaupt entsprechen. Gerade an dieser Aufgabe wird allzu deutlich, dass Schäblitz tatsächlich die wissenschaftlichen Positionen – zwar reduziert, doch noch immer komplex genug – in den Unterricht transportieren zu wollen. Inhaltlich entspricht der Baustein meinen formulierten Ansprüchen somit in vollem Maße.

Jedoch gibt es auch klar negative Punkte zu verzeichnen. Zum einen muss man sich vor Augen halten, dass es sich nur um einen Baustein handelt und dieser vom Umfang her für die Schule nicht taugt. Mit einem Blick auf die Fülle an Aufgaben würde die Abhandlung dieses Bausteins allein 2 Wochen in Anspruch nehmen, daher muss man die vom Schöningh-Verlag selbst gestellte Ambition eine „ideale Lösung für einen modernen, aber dennoch substanziellen Deutschunterricht" zu bieten klar in Frage stellen. Niemals ist eine vollständige Übernahme des *gesamten* Bausteins möglich. Zum anderen erscheint mir die Gewichtung der Inhalte als allzu einseitig in Richtung Danton. Während speziell beim Thema Langeweile eine Fülle an Aufgaben wiederzufinden sind, gibt es an exklusiv auf Robespierre bezogenen Themen nur auf Seite 56 ein Thema. Hier wünscht man sich eine bessere Austarierung der Inhalte.

Auf die Stärken und Schwächen werde ich in 5.Reflexion noch intensiver eingehen, doch war der Exkurs an dieser Stelle von Nöten, um das Vorhaben eines eigenen Stundenentwurfs - nur unter Zuhilfenahme einiger Aspekte des Modells - zum Thema Danton-Robespierre zu erläutern.

4. Entwicklung einer Unterrichtsstunde

4.1. Unterrichtsentwurf mit Kommentar

Unterrichtsschritte	Methodik	Thematik
Textarbeit – Heraussuchen und Bearbeitung relevanter Szenen unter Beteiligung Dantons/Robespierres	Zunächst Textstudium in Einzelarbeit innerhalb der Gruppen zu Danton ODER Robespierre Gruppenarbeit zu Charakterisierung und Typisierung	Danton – Fatalismus, Langeweile, Epikureer Robespierre – Moralist, Terror, Vernunft
Danton und Robespierre im direkten Dialog – 3.3 Unterrichtsmodell	Siehe 3.3. Unterrichtsentwurf S.55	Danton – Beendigung des Terror Robespierre – Fortsetzung und Intensivierung des Terrors
Lebenspraxis und Verhältnis zum Volk	Kreativer Schreibauftrag: Monologe - Position zum Volk erörtern, entweder von Danton oder Robespierre	Beide Protagonisten etablieren ein Klassensystem
Weltanschauungen treffen auseinander – 3.4.	Siehe 3.4. doch Verzicht auf das Standbild; wichtig Arbeitsblatt 10 - Ergebnissicherung	Gegenüberstellung Epikurismus und Moralismus

Didaktisch-methodischer Kommentar:

Die wichtigste Aufgabe zur Umsetzung des Bausteins liegt sicherlich in der didaktischen Reduktion. So muss gerade die Trennung von Wesentlichem und Unwesentlichem selbst bei der Ausrichtung auf eine Doppelstunde besondere Beachtung finden. Im Gegensatz zum Unterrichtsmodell habe ich mich nicht für einen Anfang in Form der Erarbeitung der historischen Personen entschieden, da diese meiner Meinung ausgelagert und z.B. bei der Behandlung der Französischen Revolution eingefügt werden kann. Ich habe mich zur Annäherung an die Figuren im Drama dazu entschieden eine geteilte Gruppenarbeit durchzuführen, bei der die wesentlichen und aussagekräftigen Stellen zu den beiden Hauptfiguren herausgestellt werden sollen. Mit Hilfe dieser können die Schüler nun erste Zuschreibungen zu den Figuren vornehmen, was mir in Anbetracht der schwierigen folgenden Materie als sehr sinnvoll erscheint.

Im zweiten Schritt soll das Thema 3.3. „Danton und Robespierre im Disput" des Unterrichtsentwurfs erarbeitet werden. Wie oben bereits angesprochen halte ich diesen Teil für durchaus gelungen und von Masse und Schwierigkeit her absolut umsetzbar. Zudem stellt die anzufertigende Tabelle eine sinnvolle Ergebnissicherung dar, die auch später weiterverwendet werden kann.

Im Folgenden gilt es für die Schüler mit Hilfe der vorher bereits gewonnen Erkenntnisse die Lebenssituation der Hauptfiguren zu erfassen und diese ins Spannungsverhältnis zum Leben der einfachen Bevölkerung zu setzen. Dafür sollen die Schüler zu einem Charakter einen inneren Monolog über die Rolle des Volkes schreiben, bei dem zum einen die verschiedenen Rollenzuschreibungen des Volkes und zum anderen das persönliche Verhalten gegenüber dieser Gruppe reflektiert wird. Dadurch wird das Fremdverstehen der Schüler gefördert und das möglicherweise noch vorhandene Bild vom „tollen" Danton wird eingerissen.

Abschließend habe ich mich zur Übernahme des Punktes 3.4 im Unterrichtsmodell entschieden, auch wenn einige Teile wie das Standbild zu streichen sind. Dies ist vor allem auf den geringen Zeitrahmen zurückzuführen. Von besonderer Bedeutung ist das auch schon angesprochene Arbeitsblatt 10. Hier muss zwingend darauf geachtet werden, dass dieses mit höchster Sorgfalt ausgefüllt wird. Es bietet als Schaubild eine ideale Möglichkeit der Ergebnissicherung und deckt bei sorgfältiger Bearbeitung das Feld Danton-Robespierre zur Genüge ab. Insgesamt ist das Programm natürlich straff, doch halte ich es für realisierbar und vor allem so abwechslungsreich und gewinnbringend, dass die Schüler davon profitieren und der Lehrer keine zu starke Reduzierung der Inhalte befürchten muss.

11

4.2. Vergleich zum Entwurf von Kinne

In diesem Kapitel werde ich versuchen einen Vergleich zwischen dem einem der wenigen früheren Unterrichtsentwürfe, der auf Norbert Kinne zurückgeht, und meinem oben dargestellten Entwurf vornehmen. Der tabellarische Entwurf von Kinne ist in Anhang 3 zu finden.

Kinne stellt an den Beginn seiner Stunde genau wie ich eine Lektüre. Während bei mir hierfür der Hauptgrund in der Annäherung an die Figuren liegt, formuliert er als Hauptargument den Abbau von Lesewiderständen. Beides stellt meiner Meinung nach eine nachvollziehbare Argumentation dar. Erst im zweiten Schritt wendet er sich oberflächlich den Personen zu und begründet dies didaktisch mit dem Erschließen vom Einfachen zum Konkreten.[22] Ich frage mich an dieser Stelle jedoch, warum diese Annäherung nicht gleich logisch mit der Textlektüre verknüpft wird?

Auch danach folgt ein weiterer Einschub bei Kinne. So setzt dieser die Stunde mit der Erarbeitung des Dialogs zwischen St.Just und Robespierre fort. Mit Blick auf die zentrale Frage, nämlich nach dem Verhältnis von Robespierre und Danton, finde ich diese Aufgabe für nicht zwingend notwendig.

Bei 4. folgt ähnlich meinem Schritt 2 das Gespräch zwischen Danton und Robespierre, in dem die verschiedenen Positionen erarbeitet werden sollen. In der Methodik zeigen sich allerdings grundlegende Unterschiede. Während Kinne zunächst auf das Unterrichtsgespräch zurückgreift und erst später ein (sehr bescheidenes) Tafelbild folgen soll, steht bei mir mit Baustein 3.3. die letztlich tabellarische Gegenüberstellung an. Der Vorteil dabei liegt in dem sofortigen Festhalten der Erkenntnisse. Das Arbeitsblatt 10 bringt zudem eine schöne Struktur mit sich, durch die auch verschiedene logische Schlüsse leicht visualisiert werden können. Abschließend sieht Kinnes Konzeption eine Hausaufgabe vor, bei der die wesentlich Punkte der Philosophie von Danton, Robespierre und ihren Anhängern zu erörtern sind. Außerdem gilt es das Leben des Volkes zu analysieren. Kritisch ist hier zum einen die Nicht-Kenntlichmachung der Rolle des Volkes und zum anderen der enorme und schwierige Umfang der Hausaufgabe. Die zwei thematisch unterschiedlichen Punkte (Verhältnis Dantonisten-Moralisten; Verhältnis zum Volk) werden bei meiner Konzeption auch getrennt – im Unterricht- betrachtet, so dass der Gefahr von Fehlanalysen direkt entgegengewirkt werden kann. Insgesamt scheint mir die Konzeption Kinnes doch einige Schwächen zu zeigen, die mein Entwurf in der Form beheben soll.

---

[22] Kinne, Norbert: Stundenblätter „Dantons Tod". S.13.

5. Reflexion

5.1. Analyse der Plenumsdiskussion

Bevor ich zu meiner abschließenden Bewertung des Unterrichtsmodells zu „Dantons Tod" komme, möchte ich kurz die wesentlichen negativen und positiven Kritikpunkte anführen, die aus der Plenumsdiskussion hervorgingen.

Quantitative Überfrachtung: Der Hauptkritikpunkt von Seiten meiner Kommilitonen lag mit Sicherheit auf der unglaublichen Fülle an Aufgaben und dem daraus resultierenden Übersteigen der schulischen Rahmenbedingungen. Nahezu niemand hielt auch nur ansatzweise einen Baustein aus dem Unterrichtsmodell für vollständig umsetzbar, da die Aufgabenmenge die schulischen Kapazitäten bei Weitem übersteigen.

Anforderungsniveau: Nach eingehender Analyse und „Selbstexperiment" kam ein Großteil der Seminarteilnehmer zu dem Entschluss, dass die Aufgaben in den einzelnen thematischen Bereichen die Möglichkeiten vieler Schüler übersteigen. Folge daraus sei eine Überforderung und Frustration, die sogar in einer manifesten Abwehrhaltung gegen so anspruchsvolle Werke enden könne.

Unklare Aufgabenstellung: Einige Kommilitonen bemängelten zudem zu wage formulierte Aufgabenstellungen, wodurch der Lehrer als ständiger Ansprechpartner noch mehr gefordert sei. Außerdem könnte es passieren, dass die Aufgaben unvollständig bis gar nicht erarbeitet werden.

Methodische Vielfalt: Als besonders positiv wurden die verschiedenen methodischen Ansätze und der enorme Abwechslungsreichtum gesehen. Diese seien schüleraktivierend und würden einen entscheidenden Beitrag zu einem kurzweiligen und spannenden Unterricht leisten.

Vollständigkeit: Sowohl die ausgearbeiteten Themen als auch die einzelnen Teile dieser wurden als nahezu vollständig betrachtet, so dass man mit Hilfe des Heftes alle wesentlichen Punkte aufgreifen könnte.

Insgesamt wurde in der Plenumsdiskussion ein sehr kritischer Blick auf das Modell geworfen, was mich zugegeben ein wenig überraschte wie man bei meiner Beurteilung auch gleich sehen wird. Gerade die ersten Punkte sorgten für eine stetige Kritik und überragten nach Meinung der Kommilitonen jeden positiven Ansatz. Letztlich würden sie das Modell kaum bis gar nicht für ihre eigenen Unterrichtsvorhaben nutzen, womit der Verlag und der Autor die eigenen Ziele verfehlt hätten.

5.2. Eigene Bewertung des Unterrichtsmodells

Ich hingegen sehe das Unterrichtsmodell von Schläbitz weitaus positiver. Wenn auch viele der angesprochenen Kritikpunkte absolute Berechtigung finden, so schreibe ich dem Modell eine deutlich andere Rolle zu. Meiner Meinung nach taugen viele Aufgaben absolut für den Gebrauch im Unterricht, jedoch muss die Lehrkraft didaktisch reduzieren und eigene Schwerpunkte setzen. Für den Unterricht kann das Modell als gute Hilfe dienen und sehr entlastend für die Lehrkraft sein, wenngleich der Eingangs vom Schöningh-Verlag formulierte Anspruch einer „idealen Lösung" nicht gehalten werden kann. Zustimmen würde ich dem Punkt, dass die ausgearbeiteten Bausteine einen wichtigen Beitrag für eine moderne Lernkultur erbringen können. Dies liegt primär an der liebevollen Ausgestaltung der Aufgaben und der großen methodischen Varianz, bei der vor allem die schülerzentrierten, kreativen Elemente wie dem Standbild, dem kreativen Schreibauftrag oder einem kurzen Rollenspiel herausragen.

Alles in allem zeigt das Modell zwar einige Mängel, was nicht zuletzt ja auch die Notwendigkeit eines eigenen Unterrichtsentwurfes bestätigt, doch halte ich die Materialien für eine sinnvolle und absolut taugliche Ergänzung. Zudem findet man zwar ein zweifellos hohes Anforderungsniveau wieder, doch sehe ich dies für die gymnasiale Oberstufe als angemessen und sogar förderlich, um den Schülern neuen Perspektiven zu ermöglichen.

6. Fazit

Was hat diese Arbeit leisten können und wie sinnvoll ist der gewählte Charakter dieser? Sicherlich weicht der Ansatz stark von den typischen sowohl literaturwissenschaftlichen Ausarbeitungen zu literarischen Werken, in denen zumeist Verläufe, Rhetorik Personenkonstellationen u.Ä. untersucht werden, als auch didaktischen Erörterungen, bei denen nach didaktischen Prinzipien, deren Umsetzung oder zu fördernden Kompetenzen gefragt wird, ab, doch bietet eine solche Untersuchung gerade für den schulischen Alltag wichtige Erkenntnisse. Zum einen ist es nicht immer möglich in jeder Stunde selbst entsprechend Inhalte aufzuarbeiten, so dass man gerne auf fertige Materialien zurückgreift.

Zum anderen muss man sich die Frage stellen, ob solche didaktischen Aufbereitungen nicht sogar einen Mehrwert haben, da hier – davon ist zumindest auszugehen – absolute Experten an der Ausarbeitung beteiligt sind. Daher erscheint mir eine Untersuchung dieser Unterrichtsmodelle als sehr sinnvoll, um letztlich tatsächlich gute von verbesserungsbedürftigen Materialien unterschieden zu können. Die Möglichkeit auf diese Untersuchungen erleichtert den schulischen Alltag ungemein, da nicht immer eine vollständige Eigenanalyse im Bereich des Möglichen liegt. Dabei muss man sich natürlich von dem naiven Traum lösen, vollständig übertragbare Materialien vorzufinden, deren Übertragung 1 zu 1 auf den eigenen Unterricht allein aufgrund der individuellen Besonderheiten einer jeden Lerngruppe nicht als sinnvoll und pädagogisch möglich erscheint.

Wenn man jedoch ein Modell als das versteht, was es letztlich darstellt – nämlich eine brauchbare Ergänzung für die eigenen Unterrichtsvorbereitungen – so hat die Verwendung dieser Materialien wie auch das Unterrichtsmodell zu „Dantons Tod" einen besonderen Reiz und verspricht eine wesentliche Entlastung der Lehrkraft.

7. Literaturverzeichnis

Elm, Ralf: Epikur: Glück in der Lebenskunst des Hedonismus. In: Spaemann, Robert/Schweidler, Walter: Ethik – Lehr- und Lesebuch. Texte – Fragen –Antworten. Auflage 3. Stuttgart: Klett-Cotta 2007.

Kinne, Norbert: Stundenblätter „Dantons Tod". Auflage 3. Stuttgart: Ernst Klett Verlag für Wissen und Bildung 1990.

Müller Nielaba, Daniel: Die Nerven lesen. Zur Leit-Funktion von Georg Büchners Schreiben. Würzburg: Königshausen & Neumann 2001.

Pongs-Andersson, Frida: Die Tragödie Georg Büchners. Marburg: N.G. Elwert Verlag 1975.

Pörnbacher, Karl (Hrsg.) et al.: Georg Büchner. Werke und Briefe. Münchner Ausgabe. Auflage 13. München: DTV 2009.

Schläbitz, Norbert (erarb.)/ Diekhans, Johannes (Hrsg.): Georg Büchner: Dantons Tod. EinFach Deutsch. Unterrichtsmodell. Paderborn: Schöningh 2007.

Thorn-Prikker, Jan: Revolutionär ohne Revolution. Interpretationen der Werke Georg Büchners. Stuttgart: Klett-Cotta 1978.

Schöningh-Verlag: EinFach Deutsch Unterrichtsmodelle. http://www.schoeningh-schulbuch.de/suche/reihenansicht.xtp?id=W00336. Abgerufen am 27.08.2010.

Schöningh-Verlag: EinFach Deutsch Unterrichtsmodelle. http://www.schoeningh-schulbuch.de/suche/reihenansicht.xtp?id=W00336&allText=1. Abgerufen am 27.08.2010.

8. Anhang

Aufbau Unterrichtsmodell „Dantons Tod"

- 1. Die Hauptpersonen
- 2. Inhalt des Dramas
- 3. Vorüberlegungen zum Einsatz des Dramas im Unterricht, Klausuren und Facharbeiten
- 4. Die Konzeption des Unterrichtmodells

Aufbau Unterrichtsmodell „Dantons Tod"

- 5. Die thematischen Bausteine des Unterrichtmodells
- 6. Zusatztmaterial
- 7. Literaturverzeichnis

Anhang 1

Aufbau Unterrichtsmodell „Dantons Tod"

- Bausteine:
  - 1. Die französische Revolution – Fakten und Erfahrungen
  - 2. Zeitenwende
  - 3. Der Epikureer und der Moralist
  - 4. Die Sprache in „Dantons Tod"

Aufbau Unterrichtsmodell „Dantons Tod"

- Bausteine
  - 5. Vom einfachen Volk und von anderen Personenkreisen
  - 6. Die Revolution und die „Kinder der Aufklärung"
  - 7. Büchners Literatur- und Kunstauffassung

Anhang 2

17